TRABAJO A LA CUERDA

Guías Ecuestres Ilustradas

TRABAJO A LA CUERDA

Judy Harvey FBHS

Ilustraciones de
Carole Vincer

HISPANO
EUROPEA

Asesor Técnico: **Julia García Ràfols**

Título de la edición original: **Lungeing** (Primera edición inglesa publicada como: *Threshold Picture Guides, number 36*).

© de la edición en castellano 2009:
Editorial Hispano Europea, S. A.
Primer de Maig, 21 - Pol. Ind. Gran Via Sud
08908 L'Hospitalet - Barcelona, España.
E-mail: hispanoeuropea@hispanoeuropea.com

© de la traducción: **Anna Wintle** y **Raquel Gálvez**

Depósito Legal: B. 23756-2009

ISBN: 978-84-255-1635-1

Segunda edición

Consulte nuestra web:
www.hispanoeuropea.com

IMPRESO EN ESPAÑA   PRINTED IN SPAIN
LIMPERGRAF, S. L. - Mogoda, 29-31 (Pol. Ind. Can Salvatella) - 08210 Barberà del Vallès.

Índice

Introducción

El trabajo a la cuerda es un método de entrenamiento altamente beneficioso para el caballo. Sin embargo, para desarrollarlo con seguridad y efectividad se requiere sobre todo práctica –si se hace incorrectamente, puede ser peligroso tanto para el caballo como para su adiestrador–. Así que le resultará mucho más fácil dominar la técnica si, para aprender, utiliza un caballo que sea fácil de manejar en este tipo de trabajo.

El trabajo a la cuerda es una parte indispensable de las **primeras clases de adiestramiento** de un caballo al que no se ha montado nunca. Le enseña obediencia y le ayuda a desarrollar aires rítmicos, fortaleciendo de ese modo los músculos adecuados. También le enseña a aceptar el filete, hecho que proporciona al jinete un mínimo de control cuando el caballo se monta por primera vez.

Este sistema también es útil en la **reeducación** de un caballo que ha adquirido malos hábitos. Le anima a moverse con rectitud, sin tener que hacer frente a los problemas adicionales de equilibrio provocados por el peso del jinete.

Cuando se dispone de poco tiempo, el trabajo a la cuerda puede ser un **ejercicio** provechoso. Si el caballo está demasiado fresco o sobreexcitado, darle cuerda durante algunos minutos puede ayudar a desfogarlo, eliminando cualquier síntoma de «excesiva alegría» antes de que el jinete se monte.

El trabajo prematuro de **salto** a la cuerda sirve para calcular la habilidad de un caballo y fomentar el desarrollo de su técnica.

El trabajo a la cuerda eficiente, en manos expertas, puede servir de **«fisioterapia»** para aliviar problemas musculares en el dorso y en los posteriores.

El espacio para dar cuerda

Es esencial que el trabajo a la cuerda se realice sobre una superficie segura y bien nivelada. La tensión y el esfuerzo que provoca el dar vueltas reiteradamente es considerable y pueden aparecer lesiones si el suelo es inadecuado –por ejemplo, si es profundo y succiona, o si está duro o resbaladizo–. La hierba puede resultar, pero si se da cuerda en el mismo sitio demasiado a menudo, ésta se desgastará con rapidez y quedará una marca permanente.

A menos que usted tenga mucha experiencia y conozca bien a su caballo, dé siempre cuerda en una zona limitada. Es bastante sencillo «vallar» una esquina tranquila en un campo utilizando barras de salto y reparos; asegúrese simplemente de que la valla es lo suficientemente alta y parece sólida. Esta área debe ser como mínimo de 20 × 20 metros.

Equipo

La cuerda que hace las veces de rienda debe estar hecha de membrana tubular y estar provista de una correa de cuero fuerte, para sujetarla a la cabezada o al filete. La cuerda de nylon no debe utilizarse —se resbala y puede quemarle las manos al adiestrador, incluso a través de guantes—.

Algunos ramales de dar cuerda disponen de un mosquetón metálico para acoplarlo a la cabezada. No obstante, éstos tienden a golpear la nariz del caballo y pueden deformarse.

Se debería utilizar una **cabezada de filete** sencilla. La muserola (correa de la brida que da vuelta al hocico del caballo por encima de la nariz y sirve para asegurar la posición del bocado) y las riendas pueden quitarse para que hagan menos bulto, a menos que el caballo vaya a ser montado inmediatamente después de ser trabajado a la cuerda.

Proteja las extremidades del caballo con **protectores** o vendas cuidadosamente ajustadas y **campanas**.

Los **protectores de caña alta** y las **campanas** son esenciales si se le va a hacer saltar.

La **tralla** (cuerda más gruesa que el hilo de cáñamo) debe ser lo suficientemente larga como para poder tocar al caballo cuando éste trabaje sobre un círculo grande. El problema aquí radica en que las trallas demasiado largas pueden ser voluminosas y desequilibrantes, así que intente elegir una que pueda manejar cómodamente. ¡Los caballos experimentados aprenden muy rápidamente a calcular la longitud de la tralla y a mantenerse justamente fuera de su alcance!

Los **guantes** son esenciales para proteger las manos del adiestrador y para impedir que la cuerda se resbale. Cualquier tipo de guantes de montar con los que se sienta cómodo serán apropiados.

Aunque no se monte, lo más sensato es llevar **casco**. El caballo puede encabritarse o cocear y el casco puede impedir serios daños.

Un **cinchuelo de dar cuerda** es parecido a un cinchuelo normal, excepto porque tiene varios pares de anillas pensados para acoplar riendas fijas a diferentes alturas. Estas anillas también pueden ser utilizadas cuando se trabaje con riendas largas.

El cinchuelo puede ser de gran ayuda cuando hay que empezar a acostumbrar a la silla a un caballo joven y sin

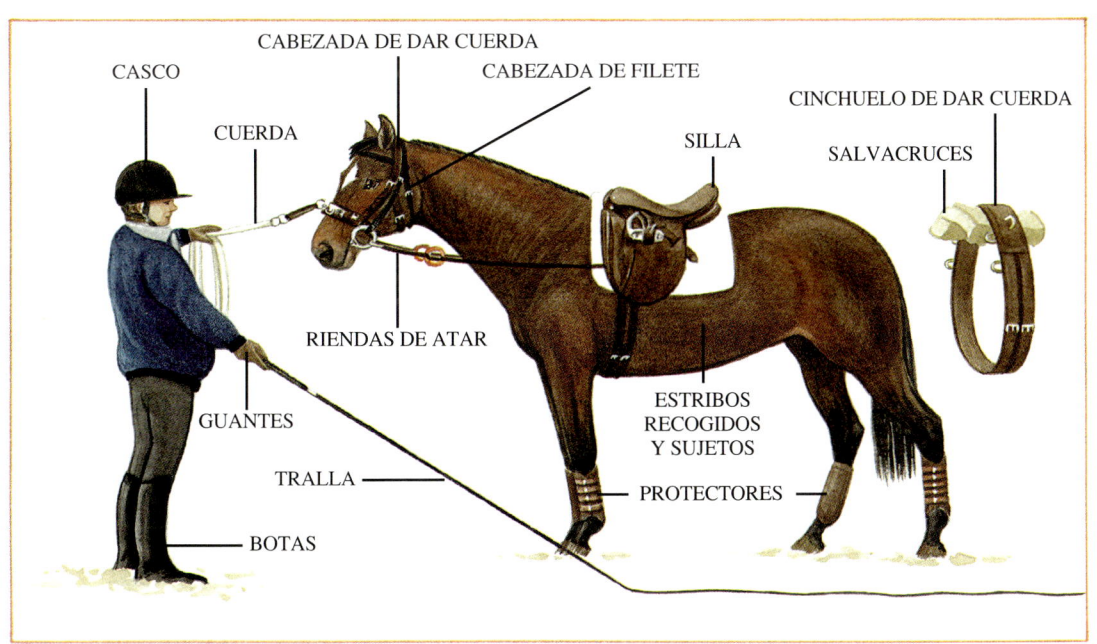

CASCO
CABEZADA DE DAR CUERDA
CABEZADA DE FILETE
CINCHUELO DE DAR CUERDA
CUERDA
SILLA
SALVACRUCES
RIENDAS DE ATAR
GUANTES
ESTRIBOS
RECOGIDOS
Y SUJETOS
TRALLA
PROTECTORES
BOTAS

desbravar. Además, es más apropiado utilizar un cinchuelo en lugar de una silla si el caballo no va a ser montado después de dar cuerda. Si el caballo tiene el dorso dolorido, el cinchuelo no debería entrar en contacto con la zona problemática; en estos casos se puede mantener al caballo en forma con un trabajo a la cuerda adecuado, mientras damos tiempo a que el dorso se cure.

Cuando utilice un cinchuelo es buena idea poner un pecho-petral para impedir que se deslice hacia atrás. Su uso es imprescindible con caballos jóvenes, ya que al principio no se les puede apretar la cincha completamente. Coloque también un salvacruces debajo del cinchuelo para no presionar la espina dorsal o la cruz del caballo.

La **cabezada de dar cuerda** lleva una muserola más acolchada de lo normal, reforzada con metal y provista de anillas para enganchar la cuerda. Sólo debe utilizarse la anilla central.

Esta cabezada debe colocarse con sumo cuidado. Si está demasiado suelta, los montantes pueden llegar a rozar el ojo del caballo y además habrá demasiado movimiento en la nariz, causándole malestar.

Algunas cabezadas se pueden colocar como muserolas «bajas o alemanas», útiles cuando se da cuerda a un caballo fuerte.

Darle cuerda a un caballo sujeto directamente al filete requiere mucha pericia, ya que es muy difícil mantener un contacto que sea suficientemente elástico como para prevenir lesiones permanentes en la boca del animal. Este sistema sólo debe ponerse en práctica cuando el caballo esté muy nervioso o muy fuerte y sea probable que se descontrole.

Una **silla de montar** será necesaria si el caballo va a ser montado después del trabajo a la cuerda o, en su defecto, para colocar las riendas de atar, en caso de no disponer de un cinchuelo. Los estribos se deben recoger y asegurar firmemente. Una sobrecincha impedirá que los faldones se levanten, pudiendo asustar a un caballo joven.

Las **riendas de atar** estimulan al caballo a buscar el filete y a trabajar con cierta rectitud, remetiendo los posteriores. **No** se utilizan para «empujar la cabeza del caballo hacia dentro». Las riendas simples de cuero son las mejores, o esas que tienen un «aro de goma» insertado.

La muserola de la cabezada de dar cuerda debe colocarse suficientemente alta como para no pellizcar la piel de alrededor del filete. Los montantes han de ajustarse debidamente para impedir que la cabezada llegue a rozar el ojo.

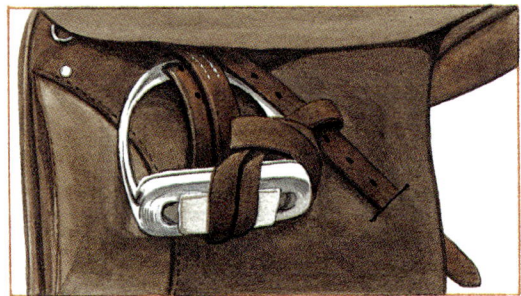

Los estribos se aseguran enrollando la ación alrededor de la base del estribo y luego pasando el extremo sobrante del cuero a través de la trabilla, tal y como se observa en la ilustración.

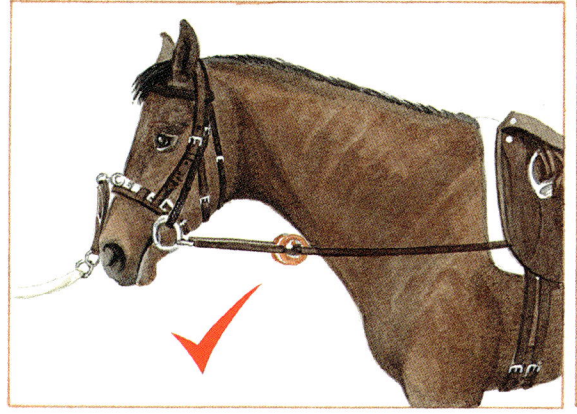

Las riendas de atar elásticas, que están hechas mitad de goma gruesa y mitad de cuero, tienden a tener demasiado juego y pueden estimular al caballo a robar el filete.

Las riendas de atar normalmente se abrochan a la cincha o al cinchuelo con una hebilla, y al filete mediante un mosquetón del que disponen en su otro extremo. Deben colocarse a la misma altura en los dos lados del caballo. Sujételas siempre primero a la cincha, enganchando el extremo suelto a la silla o cinchuelo hasta que se necesite. Nunca lleve un caballo de la mano con las riendas de atar puestas y menos aún si están sujetas al filete —podría tener un ataque de pánico al notar una restricción—.

Cuando tenga que decidir a qué longitud coloca las riendas de atar sea siempre prudente y, en caso de duda, procure mejor dejarlas un punto demasiado sueltas antes que un punto demasiado apretadas. Si las coloca por primera vez, manténgalas suficientemente largas como para que el caballo sólo haga contacto con el filete, cuando su cuello esté completamente estirado. Deben estar a la misma longitud en los dos lados. Una vez el caballo acepte trabajar hacia delante a la cuerda con las riendas de atar, se pueden ir acortando progresivamente para ayudar a alcanzar el perfil adecuado a su nivel de entrenamiento.

Trabajar un caballo al paso con las riendas de atar puestas durante largos períodos de tiempo no es recomendable. Al paso, el caballo balancea la cabeza y el cuello de arriba abajo, pero las riendas de atar inhiben este movimiento y pueden provocar que el aire no sea fluido.

Empiece con las riendas de atar suficientemente largas como para que el caballo tenga contacto con el filete, cuando su cabeza esté en una posición natural. Nunca le fuerce a adoptar una posición determinada.

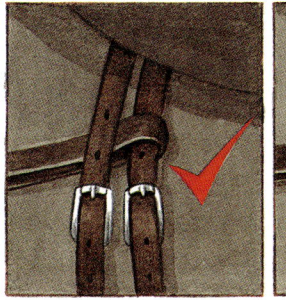

Acople las riendas de atar a la silla, pasándolas a través del segundo latiguillo y por debajo del primero. Así impedirá que se resbalen hacia abajo y ayudará a mantenerlas niveladas.

Enrolle las riendas y pase el ahogadero entre las trabillas. Así no molestarán y no se resbalarán por encima de la cabeza del caballo.

Técnica

Sujetar la cuerda

Hay varias maneras de hacerlo, pero la explicada aquí es sencilla, eficaz y proporciona un buen control tanto al dar cuerda en llano como sobre obstáculos. De todas formas, todos los métodos exigen mucha práctica —inténtelo sujetando la cuerda al poste de la puerta de una verja y ensaye la técnica—.

Nunca utilice una cuerda que otra persona haya enrollado, siempre enróllela usted mismo.

Empiece a mano izquierda —la mayoría de los caballos cooperan más de este modo—. Colóquese al lado del caballo, sujete la cuerda lo suficientemente cerca de la cabeza como para que pueda mantener el control con la mano izquierda. Deje caer el resto de la cuerda donde ninguno de los dos pueda enredarse o tropezar con ella. Enrolle la cuerda en su mano izquierda; las vueltas no deben tocar el suelo, pero tampoco deben apretarse alrededor de su mano. Cuando llegue al final, sujete el mango o último extremo de la cuerda con su mano derecha y transfiera las vueltas desde su mano izquierda, girándolas para que a medida que se desenrollen, lo hagan desde arriba. Ahora la mano izquierda puede ir soltando o recogiendo cuerda sobre la marcha sin hacerse un lío. Se encontrará probablemente más cómodo si sujeta la cuerda entre los dedos anular y meñique, igual que si estuviese montando. ¡Con la práctica esta tarea sólo le llevará segundos! Cuando cambie de mano, repita el ejercicio, enrollando la cuerda en la mano derecha y después traspasando las trabillas a la mano izquierda.

Durante todo este procedimiento debe mantener la tralla debajo del brazo, apuntando hacia atrás para no asustar al caballo.

Ayudas

Nos comunicamos con el caballo cuando trabaja a la cuerda mediante la tralla, la cuerda, la voz y la posición del cuerpo.

ORGANIZANDO LA CUERDA

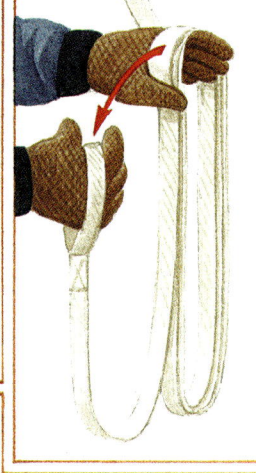

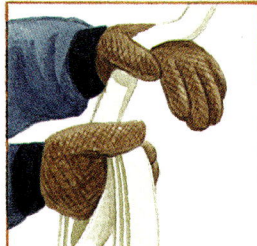

La cuerda debe desenrollarse desde arriba sin que llegue a enredarse.

Sujetando la cuerda. *Izquierda:* las vueltas se sujetan con la mano que sostiene la tralla, esto facilita su ajuste. *Derecha:* este método es el más indicado para caballos con experiencia en el trabajo a la cuerda.

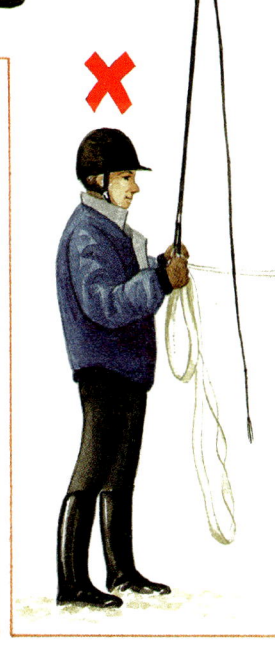

Para cambiar de mano la tralla, sitúela debajo de su brazo y cójala con la otra mano, pasándola por detrás de la espalda.

Mantenga siempre la cuerda ordenada y la tralla baja para evitar accidentes. Los caballos son muy conscientes de dónde se encuentra la tralla, y si está alta, la considerarán agresiva.

Técnica (cont.)

La **tralla** impulsa al caballo hacia delante cuando va dirigida hacia sus cuartos traseros y lo mantiene en el círculo cuando señala hacia sus espaldas. Cuando apunta a sus costillas ayuda a crear más incurvación. Un «roce» con la tralla debería ser todo lo necesario; normalmente es suficiente con sólo «dar un toquecito». ¡Nunca se debe «chasquear» la tralla cuando haya otros caballos cerca!

Del mismo modo que montando, el **contacto de la cuerda** debe ser constante y elástico, con las ayudas ofrecidas con los dedos. Se utiliza junto con las ayudas restantes y se le puede pedir al caballo que vaya más despacio o que se incurve más al interior.

El tono de voz es importante. Debe ser grave y suave para reducir la marcha, y más alto y agudo para ir hacia delante, por ejemplo: «¡oh!» o «¡trote!». Utilice siempre las mismas palabras de mando para dar las diferentes órdenes.

Para mandar al caballo hacia delante, **colóquese** más hacia sus posteriores; para hacer que ralentice el

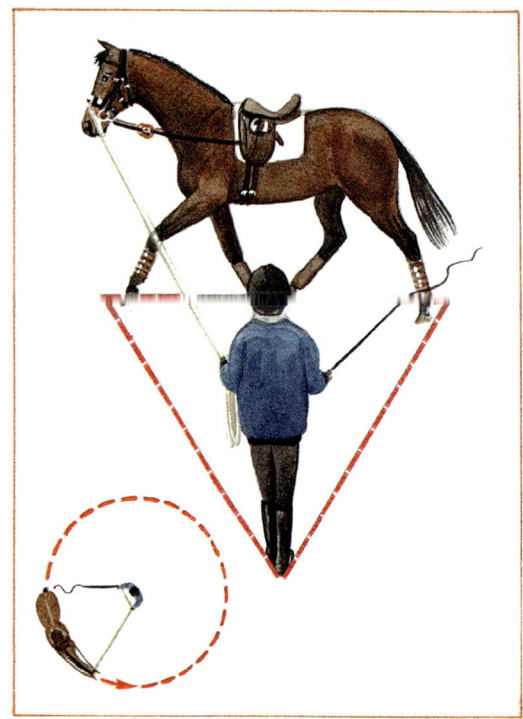

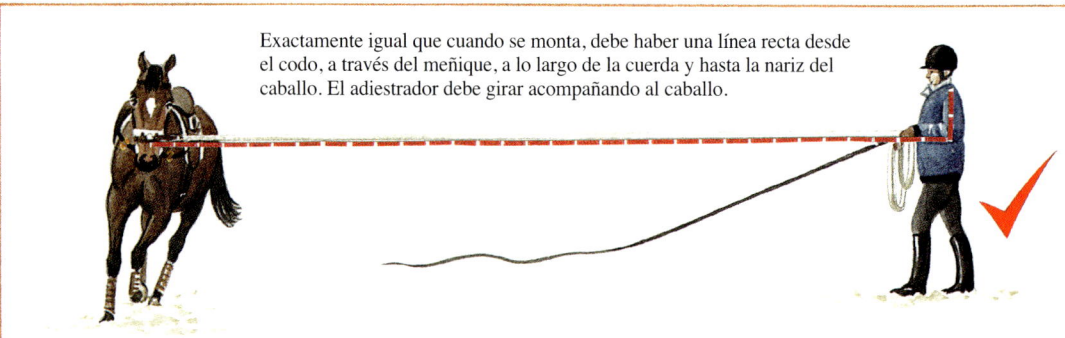

Exactamente igual que cuando se monta, debe haber una línea recta desde el codo, a través del meñique, a lo largo de la cuerda y hasta la nariz del caballo. El adiestrador debe girar acompañando al caballo.

ritmo, camine a la altura o en frente de sus ojos. Cuando el caballo esté trabajando bien, adopte una posición pasiva situándose a la altura de la cincha. Hágase a la idea de que el adiestrador es el vértice de un triángulo imaginario, el caballo es la base, y la tralla y la cuerda son los dos lados restantes.

Empieza la sesión de cuerda

Dirija al caballo al centro del área donde va a dar cuerda. Compruebe todo el equipo y asegúrese de que la cuerda está enrollada correctamente. Si el caballo está familiarizado con el método y es de fiar, empiece sin las riendas de atar. Así le ayudará a pensar en ir hacia delante y cualquier cojera leve se hará más aparente. A mano izquierda, la tralla y los bucles de la cuerda estarán en su mano derecha. Estando de pie a la altura de las espaldas del caballo y con la tralla apuntando hacia los posteriores, pídale «paso». Los dedos de la mano izquierda deben permitir que la cuerda resbale a través de ellos a medida que el caballo avanza al paso hacia el círculo. Camine con él hasta que esté verdaderamente en el círculo, manteniéndole hacia delante suavemente con la tralla. Una

vez se encuentre en esta situación, le puede pedir «trote». Hágale describir un círculo lo más grande posible. Practique algunas transiciones descendentes a paso o parada y luego ascendentes a trote. No le permita nunca doblar hacia usted. Una vez vea al caballo controlado a mano izquierda, pídale una parada y cambie de mano. Asegúrese de que la cuerda está enrollada correctamente. La mayoría de los caballos son más reacios a trabajar a mano derecha e intentarán ponerse de cara a usted. Muévase hacia los posteriores, pero nunca lo suficientemente cerca como para ser coceado y mándelo hacia delante; asegúrese de que con la cuerda le «permite» hacerlo. Una vez el caballo se ha relajado y trabaja con soltura a ambas manos, puede ponerle las riendas de atar para ayudarle con su rectitud. Esto le permitirá mejorar su desarrollo muscular y sus aires naturales. Ponga las riendas de atar siempre primero en el exterior —así tendrá más control en caso que el caballo salga disparado—. Varíe el trabajo con transiciones y frecuentes cambios de mano.

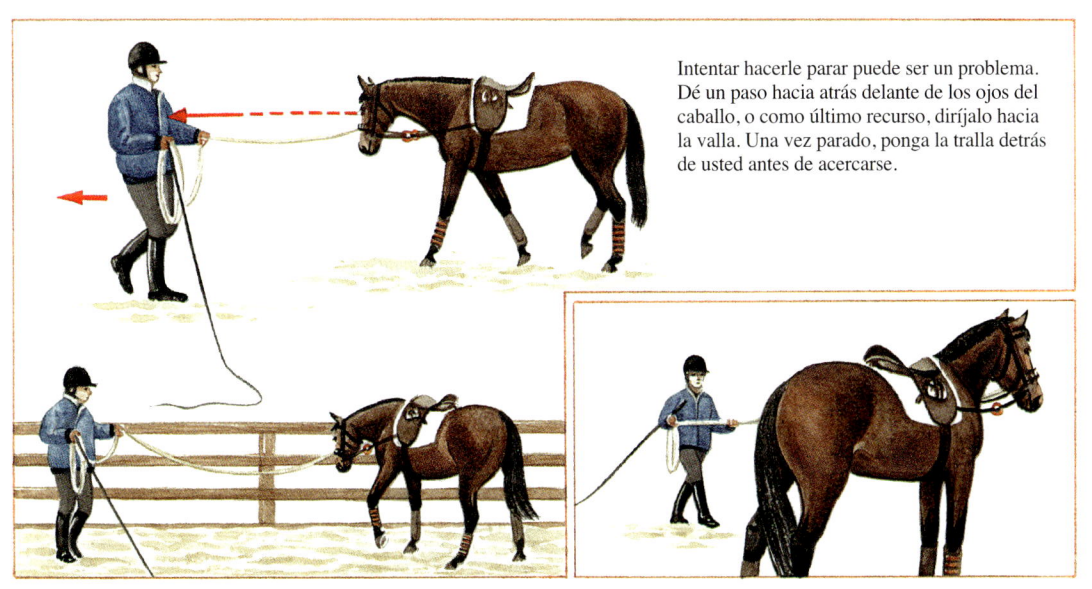

Intentar hacerle parar puede ser un problema. Dé un paso hacia atrás delante de los ojos del caballo, o como último recurso, diríjalo hacia la valla. Una vez parado, ponga la tralla detrás de usted antes de acercarse.

Dar cuerda a un caballo joven

El adiestrador debe ser experto en trabajar a la cuerda con un caballo entrenado antes de intentar enseñar a un caballo joven.

El trabajo a la cuerda es la introducción al adiestramiento. El potro que ha sido bien tratado y enseñado a ir de la mano correctamente desde el principio, normalmente no crea ningún problema. Enséñele a ir hacia delante cuando le lleve del diestro. El adiestrador debería ser capaz de mantenerse a la altura de las espaldas del potro mientras éste camina activamente hacia delante y sin estirar. Utilice las mismas órdenes de voz que piensa utilizar para el trabajo a la cuerda: «¡paso!» y «¡oh!». Llévelo del diestro a ambas manos —es increíble lo que puede llegar a hacer un caballo para conseguir tener a su adiestrador otra vez en su flanco izquierdo, simplemente porque no está acostumbrado a tenerlo en el otro lado—.

Cuando dé cuerda las primeras veces, utilice sólo una cabezada de dar cuerda acoplado a la anilla central. Si el potro es particularmente fuerte y testarudo deberá establecer más control poniéndole un filete y acoplando la cuerda. Para ello debe pasar la cuerda por la anilla interior del filete y por encima de la cabeza del animal, enganchándolo entonces al otro lado de éste (véase página 19). De todas formas, evite este sistema cuando sea posible, ya que podría dañarle la boca o hacer que cogiese miedo al filete.

Empiece siempre las primeras clases a la cuerda en un sitio vallado y que disponga de un buen suelo.

Hay dos métodos para enseñar a un caballo a dar cuerda:

1. Pida a un ayudante que dirija al caballo mientras usted se queda de pie en el medio dando las órdenes apropiadas hasta que el caballo las entienda. El ayudante debe ser eficiente o, de lo contrario, podría fácilmente meterse en medio e incluso ser coceado.

2. Normalmente es más práctico llevar al caballo a un círculo a mano izquierda, permitiéndole ampliarlo gradualmente mientras le manda hacia delante con la voz y un ligero uso de la tralla. Si sale al trote en esta etapa, no le detenga; ábrale el círculo y anímele tranquilamente a ir hacia delante.

Una vez el caballo sepa alejarse de usted y quedarse en el círculo a mano izquierda, repita el proceso a mano derecha.

La posición de su cuerpo en relación con la del caballo es importante. No se ponga delante de los ojos del caballo, ya que se pararía y doblaría hacia dentro. Esta situación puede derivar en una confrontación directa y, por lo tanto, debe ser evitada. Intente mantenerse en una posición de «conducción», ligeramente detrás de la cincha pero fuera del alcance de los posteriores. Manténgale mirando hacia el interior para que si en verdad coceáse, no pudiese darle a usted.

Sobre todo, haga lo posible para no dejarle escapar en caso de que intentase echarse hacia atrás de golpe. Un caballo suelto y asustado, con la cuerda colgando, puede provocar un serio accidente.

Un caballo al que se le ha entrenado bien del diestro normalmente irá bien a la cuerda.

Asegúrese de que el caballo camina alejándose de usted.

Sitúese a la altura de los cuartos traseros del caballo y envíelo hacia delante. Para evitar ser coceado mantenga la cabeza del caballo incurvada hacia el interior.

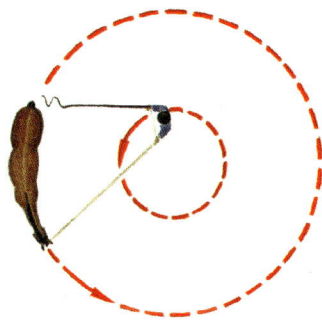

La posición de «dirección» vista en perspectiva.

Es una buena señal si el caballo estira la cabeza hacia abajo y se mueve activamente hacia delante.

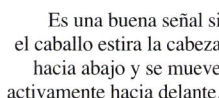

Repítalo siempre todo a las dos manos, pero previniendo encontrarse con más dificultad al trabajar un caballo joven a mano derecha.

Problemas y soluciones

Incurvación incorrecta en el círculo

La mayoría de los caballos prefieren volcarse hacia el centro del círculo, poniendo su peso en la espalda interior y mirando al exterior. Haciendo esto también eluden el contacto con la cuerda.

Estimule al caballo a coger más contacto apuntando o dando un golpecito con la tralla sobre su espalda; utilice la orden «Fuera». Asegúrese de que en el momento en el que el caballo se tope con el contacto de la cuerda, éste sea elástico y no reciba ninguna sacudida en la nariz. Para empezar, quizá tenga que trabajarlo en un círculo más pequeño al paso. Una vez el caballo tenga contacto, «tome y deje» con la cuerda para animarle a mirar al interior, a la vez que le mantiene apartado de usted con la tralla señalando hacia sus espaldas. Las riendas de atar ayudan a mantenerlo correctamente incurvado, estimulándole a coger contacto con la rienda exterior. En caso de extrema rigidez, puede colocar la rienda de atar interior algo más corta, forzando al caballo a incurvar su cuello. Ésta es sólo una solución a corto plazo, ya que pronto aprenderá a escaparse a través de su espalda exterior y a apoyarse en la rienda de atar.

Caerse hacia el exterior del círculo

En este caso, el caballo intenta hacer un círculo más grande de lo que usted quiere, incurvando el cuello y poniendo su peso en la espalda exterior. A menudo el caballo que se incurva incorrectamente a una mano se «caerá hacia fuera» a la otra. El equino evita remeter los posteriores porque éstos se van hacia fuera en lugar de pisar bajo el cuerpo. Las riendas de atar impedirán este truco controlando la cantidad de incurvación del cuello.

Doblar hacia el interior

Cuando esto sucede es necesario andar hasta el caballo y empezar de nuevo. Es básico que el animal se mueva hacia delante continuamente. Las riendas de atar le ayudarán a controlarle. Manténgase ligeramente detrás de él —usted también tendrá que andar para poder estar en condiciones de tenerle en movimiento—. Cuando le pida que se detenga, procure que lo haga sin girarse. Quizá tenga que trabajar con esto algún tiempo, pero al final dará resultado.

Asustarse

Si su caballo es del tipo «asustadizo» probablemente se intimidará con la cuerda. La rectificación es la misma que se utiliza cuando el caballo se incurva hacia fuera: hágale coger contacto y dé un golpecito con la tralla apuntando hacia sus espaldas. Intente anticiparse a él cuando éste vaya a venirse hacia dentro asustado y exagere la incurvación hacia el interior, dirigiendo la tralla a sus espaldas.

Pereza

El caballo debe saber hacer transiciones ascendentes sólo desde la voz; sin embargo, si el animal es perezoso, necesitará reforzar esta ayuda con la tralla. Si no reacciona a la voz y a un «golpecito» de la tralla, entonces dele un trallazo tajante justo a la altura de sus corvejones. Esté preparado para que el caballo salga disparado hacia delante. Intente no estirarle demasiado bruscamente, ya que no se debe desalentar ningún movimiento de avance.

Escaparse

Si el caballo decide huir, coja la cuerda con ambas manos e inclínese hacia atrás apoyando su peso en los talones. Tampoco deje caer la tralla y preferentemente, manténgala detrás de usted. En una pista cubierta, puede hacerle correr hacia la pared, pero nunca hacia algo que pueda saltar. Si sabe que el caballo está fuerte y poco cansado, entonces acople la cuerda al filete, como se muestra en la ilustración, antes de empezar. Haga lo que esté en su mano para que no se le escape, ya que, como comentábamos anteriormente, un caballo suelto con una cuerda colgando puede provocar un serio accidente.

DOBLAR AL INTERIOR

Vaya hasta él y empiece de nuevo asegurándose de que le mantiene yendo hacia delante y que no tiene la oportunidad de pararse y girarse otra vez.

ASUSTARSE

Empújele hacia fuera buscando el contacto, apuntando y usando la tralla hacia la espalda del caballo. Intente mantener una incurvación interior, haciéndole mirar lejos de lo que le está asustando.

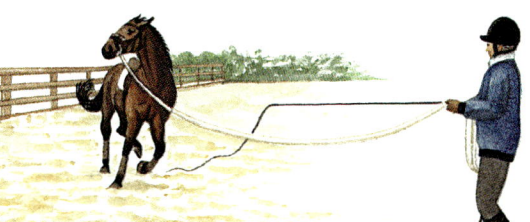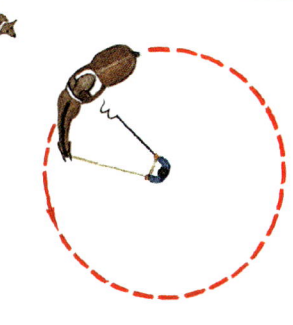

REHUSAR A MOVERSE/PEREZA

Aquí sus órdenes de voz necesitan ser reforzadas con un severo recordatorio de la tralla.

ESCAPARSE

Para tener control extra, pase la cuerda por una anilla del filete, pasándola por encima de la cabeza del caballo, y sujetándola a la anilla del otro lado.

19

Barras de tranqueo

Trabajar a la cuerda sobre barras de tranqueo es un ejercicio gimnástico excelente. Puede ayudar a mejorar el ritmo y la rectitud a la vez que anima al caballo a flexionar sus articulaciones.

Antes de intentar el trabajo sobre barras, el caballo debe dar cuerda correctamente, manteniéndose en el círculo con un buen contacto. Debe llevar puesta una cabezada de dar cuerda, protectores de caña alta y campanas.

Empiece colocando una sola barra en la pista, pegada a la pared en el lado largo. Dirija al caballo hacia ella a ambas manos hasta que esté perfectamente relajado. Entonces trabájelo en un círculo, lejos de la barra, para hacer ejercicios de calentamiento. El caballo debe aproximarse a la barra al paso, haciendo algunos trancos en línea recta antes y después de la barra. Será necesario que el adiestrador camine junto a él durante estos trancos en recto. Podría intentar saltar la barra, así que esté preparado para acompañarle. Si se pone alegre, hágale trabajar en círculo apartado de la barra hasta que se calme.

Una vez que el caballo vaya al paso tranquilamente sobre la barra, repita el ejercicio al trote. Lo ideal es que baje la cabeza y el cuello y mantenga el ritmo. Cuando esto se haya conseguido, es el momento de añadir dos barras más. Entre ellas debe haber una separación de 1,35 metros, que es la distancia media del tranco de un caballo, pero esta medida se debe ajustar para adecuarla a cada individuo —para ir bien el posterior debe pisar exactamente a medio camino entre las barras—. Utilizando barras en forma de abanico desarrollará la flexión del posterior interior.

PRIMER INTENTO

APROXIMACIÓN DEMASIADO CERRADA

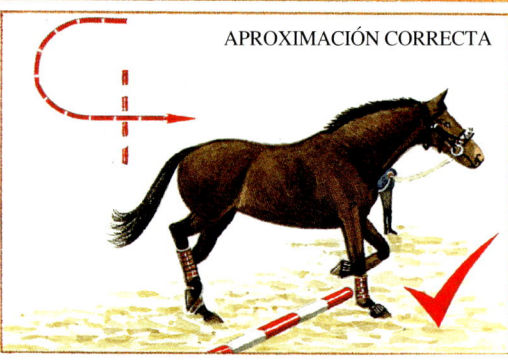

APROXIMACIÓN CORRECTA

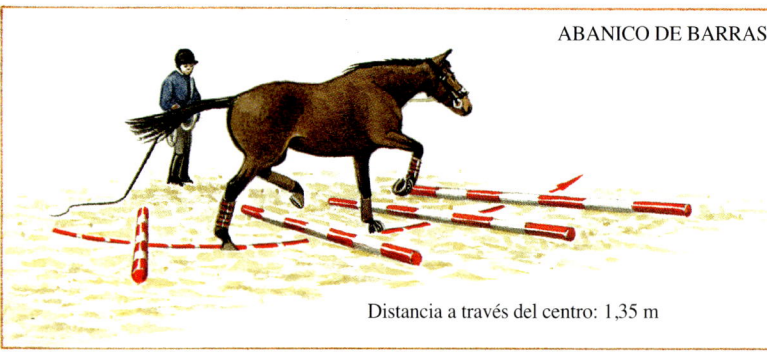

ABANICO DE BARRAS

Trabajando sobre barras en un círculo, el caballo da vueltas constantemente y por eso tiene que flexionar sus articulaciones y emplearse bien para franquear el obstáculo. Manténgale en el centro de las barras.

Distancia a través del centro: 1,35 m

Salto de obstáculos a la cuerda

Trabajar un caballo joven sobre vallas a la cuerda puede servir como una buena introducción al salto. Aprenderá a tomar la batida sin la complicación añadida de tener el peso del jinete en su lomo. También es útil cuando un caballo desarrolla problemas en los saltos, ya que el trabajarlo a la cuerda sobre obstáculos puede ayudar a diagnosticar dónde reside el error.

Una vez el caballo ha dominado el trote sobre una sola barra, está preparado para saltar pequeños obstáculos. El uso de laboratorios de barras de tranqueo puede inhibir la reacción natural del caballo a saltar y puede intentar trotar sobre los pequeños obstáculos cuando se los encuentre por primera vez. Por esta razón es mejor no mezclar el trabajo sobre barras de tranqueo con las vallas en las etapas iniciales de este entrenamiento.

El obstáculo se debe colocar pegado a la pared de la pista, asegurándose de que hay espacio suficiente como para que el caballo pueda aproximarse y salir en línea recta. Debe tenerse mucho cuidado con su construcción. El reparo interior no debe ser más alto que la propia valla, o la cuerda se enganchará en ella. Utilizando una barra diagonal de referencia solucionará el problema y ayudará a que el caballo no esquive el salto. Los módulos para salto de plástico son buenos como reparos cuando se da cuerda. Es muy útil tener un ayudante para modificar el obstáculo cuando sea necesario.

Empiece dirigiendo al caballo entre los reparos para que sepa el camino a tomar. Coloque uno de los extremos de una de las barras a baja altura en el reparo interior. Entonces puede trabajar al caballo tranquilamente al trote sobre el obstáculo. Esté preparado para acompañarle cuando se reciba y tenga mucho cuidado de no interferir durante la aproximación o la batida —podría distraerle y entonces rehusaría—. Si el caballo se bota después del salto, vaya con él durante unos cuantos trancos y entonces sitúelo en un círculo con bastante brusquedad. Espere hasta que se haya calmado de nuevo antes de volver a la zona del salto para

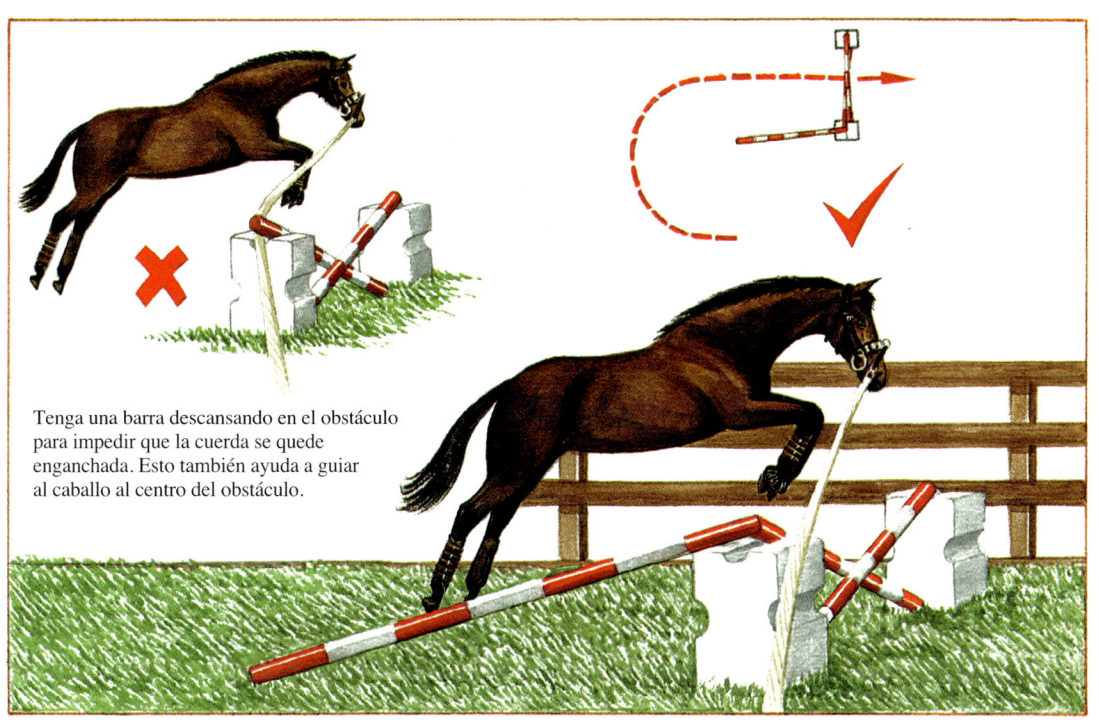

Tenga una barra descansando en el obstáculo para impedir que la cuerda se quede enganchada. Esto también ayuda a guiar al caballo al centro del obstáculo.

Salto de obstáculos a la cuerda (cont.)

hacer otra aproximación. Repita siempre el ejercicio a la otra mano. Una vez el caballo pase la barra con confianza y tranquilidad, convierta el obstáculo en una cruzada. Entonces puede progresar a una pequeña volea, o también puede añadir una barra de llamada, además de cualquier cosa que usted crea que puede mejorar la técnica del caballo. Tenga mucho cuidado de no obligarle a hacer más de lo que esté preparado física y mentalmente, ya que minaría su confianza.

Rehusar

Si el caballo rehúsa, intente no permitirle apartarse del obstáculo. Pídale a su ayudante que lo desmonte delante de él y guíelo a través de éste. Reduzca la altura de la valla e inténtelo de nuevo. Es importante sobre todo que el caballo no aprenda a esquivar el salto doblando a toda velocidad justo delante de la valla.

En primer lugar intente analizar el por qué del rehúse ¿El obstáculo es demasiado alto? ¿El suelo es inadecuado? ¿Va el caballo suficientemente impulsado antes de la batida? ¿Fue el adiestrador lo bastante cuidadoso con su posición y le llevaba con suficiente rectitud hacia el salto? ¿El caballo está sano o hay algo molestándole? Hay muchas causas posibles. Corregir adecuadamente es mucho más sencillo si se comprende la causa.

Una vez se han descartado todas las posibles razones, se llegará seguramente a la conclusión de que el caballo no está asustado, si no que sólo está siendo travieso y desobediente. En este caso deberá mostrarse firme con él y convencerle con la tralla tan pronto como vacile. Asegúrese siempre de que termina la lección con buen sabor de boca, incluso si eso significa rebajar el tamaño del obstáculo para que salte de nuevo con comodidad.

El trabajo a la cuerda como ejercicio

Cuando el tiempo y la faena escasean, el trabajo a la cuerda puede sustituir al trabajo montado dos o tres días por semana. Puede ser especialmente útil durante los meses de invierno cuando hay pocas horas de luz. Sin embargo, no se puede utilizar sólo el trabajo a la cuerda para conseguir o mantener el buen estado físico. El dar vueltas constantemente puede sobrecargar las articulaciones y también hacerse monótono.

Contando con que el caballo es obediente, es pasable darle cuerda con sólo protectores, cabezada de dar cuerda, cuerda y tralla. Sin embargo, la mayoría de los caballos trabajarán mejor con una brida y riendas de atar acopladas a una montura o a un cinchuelo.

Se debe hacer trabajar al caballo hacia delante activamente en un círculo lo más grande posible al paso, trote y, si las circunstancias lo permiten, galope de trabajo. Aumente gradualmente de 8 minutos a cada mano con una cantidad equitativa de paso y trote, hasta un máximo de 40 minutos, con el caballo galopando durante varios períodos de tres minutos cada

uno. Siempre es preferible hacer menos antes que demasiado.

Para mantener la forma física de un caballo de escuela, doma o salto, será suficiente con sesiones de 25-30 minutos. Para caza o concurso completo de un día, necesitará darle cuerda durante 30-40 minutos, dependiendo del trabajo que haga durante la semana.

Incluya siempre mucho paso, utilizando estos periodos como tiempo de recuperación, tal como se haría en un entrenamiento de intervalos. Permita que el ritmo de respiración por minuto vuelva a la normalidad antes de trabajarlo en un aire superior.

En los meses de invierno, si la superficie de la pista se congela y quiere seguir trabajando al caballo, puede poner paja o estiércol en la hierba haciendo un círculo de 20 m y dar cuerda sobre ese espacio. Sin embargo, ¡no le hará ningún favor al pasto!

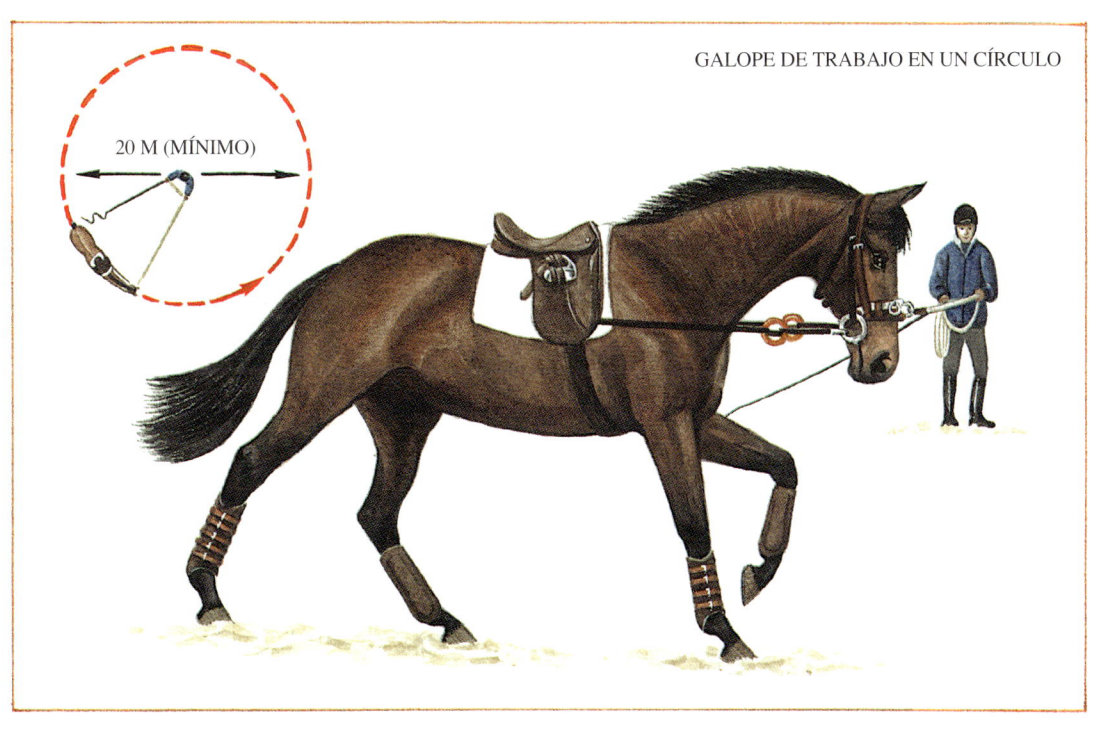

GALOPE DE TRABAJO EN UN CÍRCULO

20 M (MÍNIMO)

Ayudas para el entrenamiento

Las ayudas para el entrenamiento pueden ser muy valiosas cuando se quiere establecer un contacto con la boca del caballo y para invitarle a buscar su rectitud y equilibrio. Hay varios tipos disponibles, tres de los cuales están expuestos a continuación. Cualquiera que sea el sistema que utilice, empiece siempre poniéndolo muy suelto y acórtelo progresivamente a medida que el caballo se va acostumbrando a su acción y efecto.

La rienda Lauffer

Bautizada con el nombre de su inventor, consta de dos riendas que se sujetan a cada lado del filete y a las anillas centrales e inferiores del cinchuelo. Su efecto estimula al caballo a llevar la cabeza hacia delante y abajo. Es menos restrictiva que las riendas de atar y anima al animal a trabajar más a través del dorso. Una vez el caballo se ha familiarizado con su efecto y está cómodo, las riendas se pueden colocar en las anillas centrales y superiores. Así le animarán a subir y estirar un poco la cabeza, permitiéndole liberar el tercio anterior y apoyar más peso en los posteriores.

El chambón

El chambón es una correa que se acopla a la cincha pasando entre las manos del caballo, donde se bifurca subiendo hasta una lámina de cuero o pieza de plástico situada en la nuca y provista de anillas en cada uno de sus extremos, entonces pasa a través de las anillas y baja hasta el filete.

Cuando el caballo levanta la cabeza, el filete entra en contacto con la comisura de los labios y hace presión en la nuca. Por lo tanto, cuando el caballo baja la cabeza se libera de esta presión. El animal aprende pronto a estirar el cuello hacia abajo y hacia delante. Cuando se utiliza remetiendo los posteriores y trabajando activamente, se desarrollará fuerza y flexibilidad en el dorso.

Las desventajas del chambón son que no estabiliza el cuello a la altura de la cruz, y esto puede provocar que el caballo se vuelque sobre sus espaldas al incurvarse demasiado. Por eso el grado de remetimiento de los posteriores que se podrá desarrollar con efectividad es limitado. No obstante, es una excelente ayuda para caballos que se han lesionado o que tienen el dorso muy rígido.

Riendas de atar

Las riendas de atar son la ayuda para el entrenamiento más común y tradicional.

Utilizadas correctamente animan al caballo a conectarse, a relajar la mandíbula y a flexionar en la nuca. Las riendas de atar invitan al caballo a coger contacto con el filete; también le enseñan a respetarlo y a no tirar de él. Evitan que el caballo se caiga sobre sus espaldas, ayudando así a mejorar su rectitud y animándole a conectar con la rienda exterior.

Los problemas pueden surgir si las riendas de atar están demasiado apretadas: el caballo se puede asustar y tirar hacia atrás, podría incluso encabritarse y caerse de espaldas. Si se le permite trabajar con apatía y falta de impulsión, podría aprender a soltar el filete y a evadir el contacto completamente. Las riendas de atar se deben ajustar siempre de forma que estén a la misma longitud en ambos lados y que queden a la altura de la boca del caballo, cuando éste trabaje con rectitud y equilibrio. (Véase también la página 11.)

Cuando el caballo trabaje bien: yendo activo hacia delante, con la incurvación correcta en el círculo y buscando el contacto del filete, la rienda interior se aflojará y el caballo trabajará claramente hacia delante en la rienda exterior. La nuca estará relajada y su boca se irá humedeciendo a medida que el caballo vaya aceptando el filete. El posterior interior se remeterá debajo de su masa empujando hacia delante, y así trabajará correctamente, desarrollando los músculos adecuados.

LA RIENDA LAUFFER

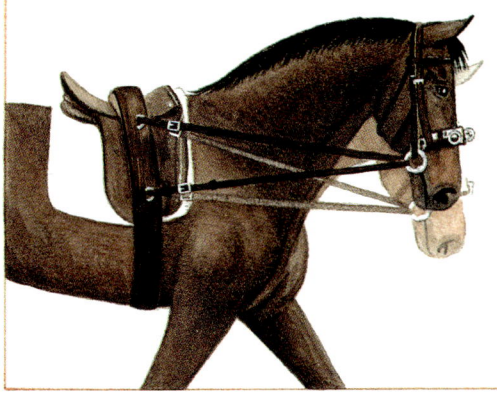

El caballo no está sujeto en una posición fija; puede mover la cabeza arriba y abajo, a la vez que el contacto se mantiene constante.

CHAMBÓN

La presión se aplica en la nuca además de en los labios y la comisura.

RIENDAS DE ATAR

El caballo puede levantar y bajar la cabeza, pero también puede aprender a quedarse detrás del filete. Las riendas de atar estimulan el contacto con la rienda exterior.

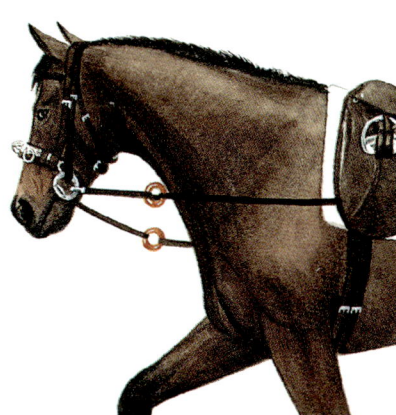

Más trabajo avanzado

El trabajo a la cuerda como perfeccionamiento

El trabajo a la cuerda puede ser una ayuda muy útil para diagnosticar la causa de cualquier problema que aparezca en la monta. Por ejemplo, si el caballo inclina la cabeza cuando se le monta pero está equilibrada a la cuerda, entonces es el jinete quien debe corregir su posición. También es particularmente útil cuando consideramos problemas en la boca: si no están ahí cuando el caballo trabaja a la cuerda, entonces las causas más probables son las manos del jinete o dolor en el dorso.

El trabajo a la cuerda puede ser muy beneficioso en el readiestramiento de caballos mal tratados, mal domados o consentidos. Los que han aprendido a trabajar con el dorso hundido desarrollan los músculos inadecuados y, por lo tanto, no llevan a sus jinetes del modo más eficiente. Los músculos apropiados deben fortalecerse gradualmente. La mayoría de los caballos opondrán mucha resistencia y es mucho mejor que se peleen consigo mismos a la cuerda sin el estorbo añadido del peso del jinete. El trabajo progresivo utilizando las ayudas para el entrenamiento descritas anteriormente estimulará la mejora a largo plazo.

Variaciones dentro del aire

Se puede trabajar para perfeccionar la habilidad del caballo a alargar y a acortar el tranco tanto al trote como al galope. Una vez el caballo mantenga su equilibrio y ritmo en aires de trabajo y sea obediente a la voz, está preparado para hacer variaciones dentro del mismo aire. Empiece por hacer unos cuantos trancos en línea recta por el lado largo de la pista. Para eso tendrá que caminar junto a él. Cuando el caballo entienda que debe ir recto y mantenga un buen contacto, se le puede pedir un poco de alargamiento. Dependiendo de las ganas que muestre de ir hacia delante, el adiestrador quizá sólo necesite chasquear la lengua; pero si el caballo es vago, entonces no le vendrá mal un toquecito con la tralla. Intente mantener un buen ritmo y pedir sólo unos pocos trancos para empezar. El problema mayoritario y más probable

HUNDIDO

BUEN CONTACTO

TROTE LARGO

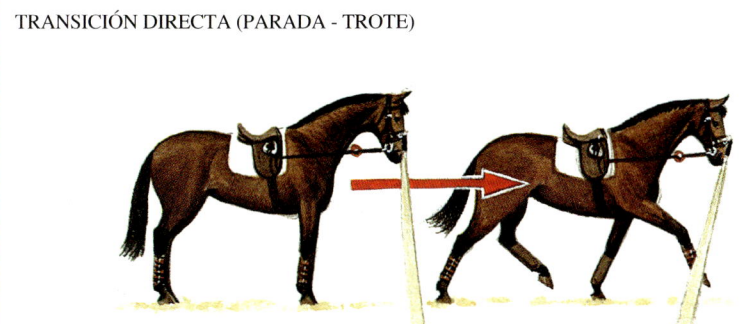

TRANSICIÓN DIRECTA (PARADA - TROTE)

Las transiciones directas se pueden utilizar para ayudar al caballo a ser más receptivo y a remeter más los posteriores.

es que el caballo salga a galope de trabajo o corra con pasos cortos y precipitados. En ambos casos, devuélvalo a trote de trabajo y pruébelo otra vez. Intente utilizar la voz al compás del ritmo de trote.

Para pedir alargamientos al galope de trabajo el sistema es el mismo. El problema más común en estos casos es que el caballo se puede sobreexcitar. Si esto sucede, póngalo al trote y espere hasta que esté calmado antes de intentarlo de nuevo. Se puede desarrollar este trabajo alargando los trancos en el círculo.

Transiciones

Cuando empiece a trabajar el caballo a la cuerda, no puede esperar que éste reaccione con rapidez al pedirle una transición de un aire a otro. Una vez el caballo esté más en sintonía con lo que usted le está pidiendo, las transiciones pueden ser más fluidas. Por ejemplo, puede pedirle ir de la parada directamente al trote, y del galope de trabajo al paso. Estas transiciones ayudarán a remeter los posteriores y le harán más fuerte, pero tenga cuidado en mantenerle pensando en ir hacia delante, especialmente en las transiciones descendentes.

Trabajo lateral

Se pueden poner los cimientos para el trabajo lateral básico mediante la reducción y el aumento del tamaño del círculo. Empiece este ejercicio al paso, acortando la cuerda para traer al caballo a un círculo más pequeño. Al paso, el caballo puede arreglárselas

en un círculo de 6 m de diámetro como mínimo . Entonces apuntando la tralla hacia su caja torácica, empújele hacia un círculo más grande. El caballo debería pisar de lado, con su posterior interior moviéndose delante y a través de su posterior exterior. Repita este ejercicio al trote, manteniendo la incurvación al interior para que su posterior interior tenga que flexionarse y soportar más peso a medida que se remete debajo de su masa. Repita este ejercicio a ambas manos.

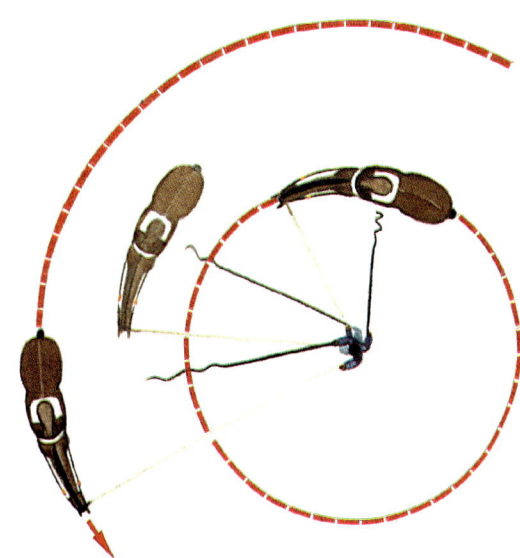

Manteniendo una incurvación interior, mueva al caballo de lado desde un círculo pequeño a uno más grande; esto ayuda una vez más a fomentar la flexión de los posteriores.

Diez reglas de oro

1. Lleve siempre guantes cuando maneje la cuerda.

2. Asegúrese de que la superficie sobre la que tiene la intención de dar cuerda es apropiada.

3. Enrolle siempre la cuerda usted mismo.

4. No deje caer la tralla al suelo.

5. Proteja las extremidades del caballo con protectores o vendas y campanas.

6. No tense en exceso las riendas de atar.

7. Asegúrese de que el círculo es lo bastante grande.

8. Trabaje equitativamente a ambas manos.

9. El trabajo a la cuerda es agotador para el caballo; trabájele sólo lo que su condición física le permita.

10. Nunca corra riesgos innecesarios, sobre todo con un caballo que no conozca.

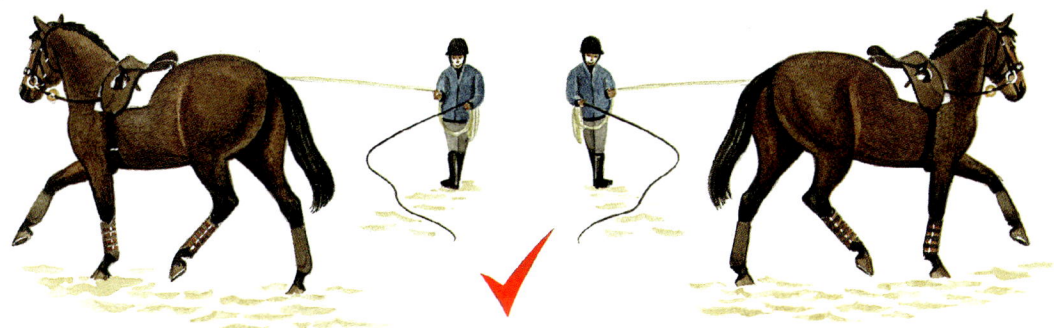

Anotaciones personales